Reptiles increíbles

EXPRESS EDITION

John Townsend

Raintree

Chicago, Illinois

For information, address the Publisher:
Raintree, 100 N. LaSalle, Suite 1200, Chicago, IL 60602

Spanish translation produced by DoubleO Publishing Services

Printed and bound in China
12 11 10 09 08
10 9 8 7 6 5 4 3 2 1

Library of Congress Cataloging-in-Publication Data

Townsend, John, 1955-
  [Incredible reptiles. Spanish]
  Reptiles increíbles / John Townsend.
     p. cm. -- (Criaturas increíbles)
  Includes index.
  ISBN 978-1-4109-3061-3 (hb - library binding) --
  ISBN 978-1-4109-3070-5 (pb)
  1. Reptiles--Juvenile literature. I. Title.
  QL644.2.T69818 2007
  597.9--dc22
                                    2007035202

This leveled text is a version of Freestyle: Incredible Creatures: Incredible Reptiles.

Acknowledgments

Ardea p. 42 (Ferrero-Labat); Bruce Coleman Collection pp. 30–1 (Fred Bruemmer); Corbis pp. 10 (Theo Allofs), 16 (George Mccarthy), 46–7 (Nik Wheeler), 49 (David A. Northcott), 50 left (Bill Ross); Digital Vision p. 11 right; FLPA pp. 4–5 (Minden Pictures), 8 (C. Carvalho), 12 (Derek Middleton), 13 (Derek Middleton), 14 (Brian Turner), 17 (E. & D. Hosking), 19 (Minden Pictures), 20 (Yossi Eshbol), 20–1 (Minden Pictures), 26 (Minden Pictures), 27 right (Chris Mattison), 29 top (Winfried Wisniewski), 31 top (Fritz Polking), 34–5 (E. & D. Hosking), 39 bottom (S. C. Brown), 48 (Neil Bowman), 51 right; Gondwana Studios p. 41 inset; Naturepl pp. 6–7, 34 (Lynn M. Stone), 44 (Hanne & Jens Erikson); NHPA pp. 4 (Kevin Schaffer), 5 bottom (Anthony Bannister), 5 middle (John Shaw), 5 top, 7 (Daniel Heuclin), 8–9 (Nigel J. Dennis), 9 (Daniel Heuclin), 11 left (Martin Harvey), 12–13 (Ant Photo Library), 14–15 (Earl Switak), 15 (E. Hanumantha Rao), 16–17 (Ant Photo Library), 18 (Stephen Dalton), 18–19 (James Warwick), 21 (Pete Atkinson), 22 (Stephen Dalton), 23 left (Daniel Heuclin), 23 right (Anthony Bannister), 24 (Daniel Heuclin), 24–5 (Ant Photo Library), 25 (James Carmichael Jr), 26–7 (Martin Wendler), 28–9 (John Shaw), 32 (Jany Sauvanet), 32–3 (Anthony Bannister), 35 (Anthony Bannister), 36 (Stephen Dalton), 37 right (Anthony Bannister), 38 top (Anthony Bannister), 38 bottom (Dave Watts), 39 (James Carmichael Jr), 40 (Bruce Beehler), 40–1, 43 (K. Ghani), 44–5, 45 (Daniel Heuclin), 46 left (David Middleton); Oxford Scientific Films pp. 30, 33 (Zig Leszczynski/Animals Animals), 47 (Juan M. Renjifo), 50–1; Photodisc p. 6; Rex Features p. 28 left

Cover photograph of a chameleon reproduced with permission of FLPA (Frans Lanting/Minden Pictures)

Every effort has been made to contact copyright holders of any material reproduced in this book. Any omissions will be rectified in subsequent printings if notice is given to the Publishers.

Contenido

Todas las palabras del texto que aparezcan en negrita, **como éstas**, se explicarán en el glosario. También puedes buscar el significado de algunas palabras en la sección "Palabras salvajes" al final de cada página.

El mundo de los reptiles

¿Sabías que los reptiles han vivido sobre la faz de la Tierra durante más de 250 millones de años?

Los reptiles son **vertebrados,** esto significa que tienen columna vertebral. Son animales de **sangre fría** y no conservan el calor corporal del mismo modo que nosotros. Utilizan el calor del medio ambiente para mantenerse calientes. Su piel está cubierta de láminas duras, llamadas **escamas.**

Reptiles increíbles

- La palabra **"dinosaurio"** significa "lagarto terrible". Es probable que los dinosaurios y las aves hayan **evolucionado** de una especie de criatura reptil-ave.

- La tuátara (debajo) casi no ha cambiado en más de 200 millones de años.

escamas placas óseas o córneas pequeñas que protegen la piel de los reptiles y los peces

De todo tipo

Hoy en día, existen más de 6,000 **especies**, o tipos, de reptiles.

Existen cuatro grupos principales. Cada grupo incluye animales increíbles:

- tortugas marinas, terrestres y de agua dulce
- cocodrilos, aligátores, caimanes y gaviales (**cocodrílidos**)
- serpientes y lagartos
- tuátaras, parecidas a los lagartos

Luego descubrirás...

...cómo puede este reptil caminar sobre el agua.

...qué reptil ha comido la mayor cantidad de personas.

...a qué velocidad puede moverse esta serpiente mortífera.

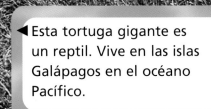

◄ Esta tortuga gigante es un reptil. Vive en las islas Galápagos en el océano Pacífico.

evolucionar cambiar muy lentamente con el transcurso del tiempo

Conoce a la familia

Una de las cosas que hace especiales a los reptiles es su piel, ya que está cubierta de escamas. Muchos lagartos y serpientes tienen pequeñas escamas superpuestas. Los caparazones de las tortugas están formados por grandes placas sólidas muy resistentes. Las grandes escamas óseas del lomo de un cocodrilo grande ¡pueden resistir las balas!

Los lagartos y las serpientes generalmente deben **mudar** su piel escamosa a medida que crecen.

Piel escamosa

Las escamas de los reptiles están formadas por un material muy similar al de nuestras uñas. Las escamas pueden ser suaves y sedosas o ásperas como papel de lija.

mudar deshacerse de o perder la piel o caparazón viejo

Sangre fría

Los reptiles son animales de **sangre fría**. Esto significa que deben calentar sus cuerpos para que funcionen correctamente. Los reptiles lo logran yaciendo al sol para **asolearse**.

A diferencia de los reptiles, nuestro cuerpo genera calor a través de la comida que ingerimos. Nosotros no necesitamos el calor del sol para hacer funcionar nuestro cuerpo.

Frío y calor

Demasiado sol puede provocar recalentamiento en los reptiles. La iguana rinoceronte (debajo) puede aclarar el color de su piel al calor del sol, y esto le permite reflejar el exceso de calor.

◀ Esta pitón está mudando su piel escamosa, ¡incluso las escamas que cubren sus ojos!

sangre fría tener una temperatura corporal que depende de la temperatura ambiente

Reptiles con caparazón

Existen aproximadamente 250 **especies** de tortugas (marinas, de agua dulce y terrestres). Es fácil identificarlas ya que cargan un pesado caparazón sobre sus espaldas.

Las tortugas terrestres, generalmente, tienen caparazones altos y redondeados que son difíciles de morder por los **depredadores**. Las tortugas acuáticas tienen caparazones más planos. Esto les permite deslizarse en el agua fácilmente.

Tortuga gigante

La tortuga de Aldabra (debajo) es grande. Un macho puede pesar más de 500 libras (250 kilogramos). ¡Eso equivale al peso de tres hombres adultos! Su caparazón puede llegar a tener el tamaño del capó de un automóvil.

▶ Una tortuga leopardo camina lentamente por el desierto de África. Su nombre proviene del dibujo blanco y negro de su caparazón.

especie clase der ser vivo, animal o vegetal

Tortugas acuáticas

Las tortugas acuáticas viven en el agua. Existen aproximadamente 200 especies de tortugas acuáticas que viven en ríos y siete tipos de tortugas que viven en el mar.

Las tortugas acuáticas pueden permanecer bajo el agua aproximadamente una hora sin salir a respirar a la superficie.

La tortuga marina de mayor tamaño es la tortuga laúd. ¡Puede pesar casi tanto como un automóvil pequeño!

Tortuga mordedora

La tortuga mordedora (debajo) tiene mandíbulas afiladas y boca grande. En 1999, en Ohio, una tortuga mordedora le cortó el dedo gordo del pie a un niño de nueve años que estaba nadando en un arroyo.

depredador animal que mata y come otros animales

Cocodrílidos

Los cocodrilos, aligátores, caimanes y gaviales viven en ríos, lagos y pantanos. Algunos también nadan en el mar. Todos tienen pieles gruesas y escamosas y quijadas fuertes. Los **cocodrílidos** son **depredadores** feroces.

El cocodrilo más largo

El cocodrilo de mayor tamaño es el de agua salada. Puede llegar a medir cerca de 30 pies (9 metros) de largo, ¡casi tan largo como tres automóviles juntos!

Caimanes

Los caimanes (debajo) son parecidos a los aligátores, pero más pequeños. Tienen hocicos cortos y surcos óseos alrededor de los ojos. El caimán negro de América del Sur puede llegar a medir más de 13 pies (4 metros) de largo.

depredador animal que mata y come otros animales

¿Aligátor o cocodrilo?

¿Cómo podemos distinguir un cocodrilo de un aligátor?

- El **hocico** de los cocodrilos es más puntiagudo.

- Cuando los cocodrilos cierran la boca, los dientes sobresalen de la quijada inferior. Los dientes de los aligátores quedan dentro de su boca cuando está cerrada.

- Los cocodrilos viven en regiones del hemisferio sur del planeta, como África, América del Sur y el sureste de Asia. Los aligátores sólo viven en China y en América del Sur, América Central y América del Norte.

Gaviales

Los gaviales tienen hocicos largos y finos y dientes muy filosos que utilizan para atrapar peces.

◀ Una hembra de cocodrilo del Nilo cuidando su nido.

hocico nariz

Lagartos

Existen más de 3,700 **especies** diferentes de lagartos. Viven en casi todo tipo de hábitats excepto en los lugares donde el frío es extremo. Existen lagartos de todas las formas, tamaños y colores.

Generalmente, los lagartos tienen boca grande, cuatro patas y cola larga. Su piel está cubierta de **escamas**, que pueden ser lisas, rugosas o puntiagudas.

Los más comunes

La lagartija (debajo) vive en Europa y el norte de Asia. Es el único reptil que vive en Irlanda. Llega a tener el largo de un bolígrafo.

especie clase der ser vivo, animal o vegetal

Eslizones y dragones

Casi la tercera parte de los lagartos son eslizones. Este tipo de lagarto comúnmente tiene escamas planas y brillantes. Algunos no tienen patas y **excavan** sus madrigueras en la tierra.

El lagarto de mayor tamaño es el temible dragón de Komodo, vive en el sureste de Asia. Puede llegar a pesar tanto como dos hombres adultos y caza animales grandes como los venados.

Lagartos sin patas

Muchos lagartos no tienen patas. Parecen serpientes y se mueven como ellas. Los luciones (arriba) son un ejemplo de este tipo de lagartos. A diferencia de las serpientes, tienen párpados.

◄ Un eslizón de lengua azul muestra su lengua.

Serpientes

Existen casi 2,400 **especies** de serpientes. A pesar de que no tienen patas, pueden moverse de muchas formas diferentes. Algunas se arrastran sobre el suelo, otras nadan. Otras **excavan** la tierra y algunas trepan a los árboles.

Algunas serpientes miden tan solo unas pocas pulgadas. La más larga del mundo es la pitón reticulada. Puede llegar a medir casi 36 pies (11 metros) de largo, ¡aproximadamente el largo de un autobús!

¿Lo sabías?

- Existen 20 tipos diferentes de serpientes venenosas en los EE. UU. Todos los estados tienen, como mínimo, una de ellas, excepto Maine, Alaska y Hawai.

- Las víboras, unas serpientes venenosas (debajo), viven en los países del norte, como Gran Bretaña, y en el resto de Europa. La víbora es el único reptil venenoso de Gran Bretaña.

▲ Ésta es una serpiente de cascabel. Observa la forma que dibuja su cuerpo al moverse sobre la arena.

excavar hacer un hoyo en la tierra

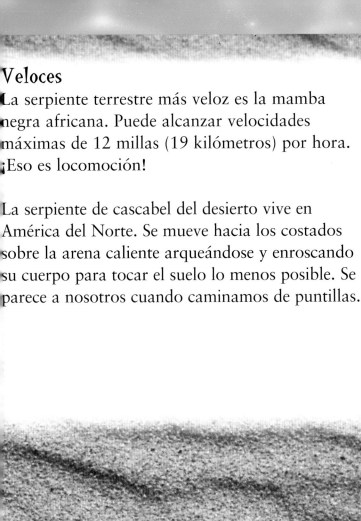

Veloces

La serpiente terrestre más veloz es la mamba negra africana. Puede alcanzar velocidades máximas de 12 millas (19 kilómetros) por hora. ¡Eso es locomoción!

La serpiente de cascabel del desierto vive en América del Norte. Se mueve hacia los costados sobre la arena caliente arqueándose y enroscando su cuerpo para tocar el suelo lo menos posible. Se parece a nosotros cuando caminamos de puntillas.

Cobra real

La cobra real (debajo) es la serpiente venenosa más larga. Mata y come otras serpientes. Si se asusta, puede levantar la parte delantera de su cuerpo hasta casi alcanzar la altura de un humano.

15

Las ratas amenazan

Hoy en día, las tuátaras sólo viven en islas en las que no hay ratas. Esto se debe a que las ratas se comen sus huevos. Además, comen muchos insectos, dejando a la tuátara sin alimento.

Tuátaras

La tuátara es uno de los reptiles actuales más antiguos. Es el único **sobreviviente** de un grupo de reptiles que vivieron en la Tierra hace más de 200 millones de años.

Existen sólo dos **especies** de tuátara. Ambas viven en las islas que forman parte de Nueva Zelanda.

sobreviviente alguien o algo que continuó viviendo

En guardia

Las tuátaras viven en hoyos en la tierra. Los adultos salen durante la noche cuando hay menos **depredadores** cerca. Se alimentan principalmente de insectos, pero a veces comen lagartos pequeños o huevos de aves.

Las tuátaras jóvenes son más activas durante el día. Lo hacen para mantenerse alejadas de las tuátaras adultas que a veces intentan comérselas.

Edad ideal

Las tuátaras crecen lentamente y pueden llegar a vivir más de 100 años. En comparación con otros reptiles, pueden vivir en temperaturas frías.

◄ La tuátara se parece mucho a un lagarto, pero no lo es.

Cuerpos asombrosos

Poder pulmonar

El largo y delgado cuerpo de una serpiente no tiene mucho espacio para dos pulmones. Su pulmón izquierdo es más pequeño que el derecho o tal vez no exista. Esta culebra acuática de collar está saliendo del agua para respirar.

Todos los animales necesitan **oxígeno** para vivir. Como nosotros, los reptiles utilizan sus pulmones para respirar.

Respiración en el mar

Las serpientes marinas, las tortugas marinas y muchos **cocodrílidos** pasan gran parte de sus vidas bajo el agua. No tienen **branquias** como los peces para respirar en el agua. Algunas tortugas marinas toman oxígeno a través de la parte interna de sus bocas. Algunas serpientes marinas lo hacen a través de su piel.

▲ Este es un caimán de anteojos. La mayor parte de su cuerpo se encuentra bajo el agua, excepto sus ojos (para buscar alimentos) y su **hocico** (para respirar).

oxígeno uno de los gases del aire y del agua que todos los seres vivos necesitan

Respiración profunda

Los cocodrílidos pasan mucho tiempo bajo el agua. Esperan a su **presa** cerca de la superficie, respirando a través de sus fosas nasales, que sobresalen del agua.

Cuando los cocodrílidos se sumergen, pueden mantener la respiración hasta una hora. Tienen una membrana en la parte trasera de la garganta que impide que el agua entre en sus pulmones cuando están sumergidos.

Bajo el agua

Cuando un cocodrilo se sumerge puede hacer que la sangre deje de fluir a sus pulmones, que no funcionan bajo el agua. En lugar de ello, la sangre fluye a sus músculos.

▼ Los cocodrilos de agua salada pueden nadar largas distancias bajo el agua.

branquias estructuras delicadas como las plumas que permiten que un animal respire bajo el agua

Pulmones asombrosos

Las tortugas marinas viven la mayor parte de sus vidas bajo el agua. Morirían si pasaran más de unas pocas horas en tierra.

Generalmente duermen en el fondo del mar y no respiran mientras duermen. De tanto en tanto, nadan a la superficie para respirar, luego vuelven a las profundidades para seguir durmiendo.

Tortugas de agua dulce

Algunas tortugas viven en ríos, lagos o arroyos en lugar de vivir en el mar.

▶ Esta iguana marina utiliza su fuerte cola como remo para nadar.

Lagartos acuáticos

La iguana **marina** es el único lagarto marino del mundo. Vive en las islas Galápagos en el océano Pacífico.

Las iguanas marinas comen algas. Generalmente, se sumergen tan solo unos minutos, cada vez, si bien se conocen iguanas como éstas que pasan hasta 45 minutos bajo el agua. Después de nadar, regresan a la tierra para yacer al sol y calentar su cuerpo.

Serpientes marinas

Más de 70 **especies** de serpientes viven en el mar. La cobra marina de bandas (debajo) debe nadar a la superficie cada dos horas para respirar. Algunas pueden permanecer bajo el agua ¡hasta ocho horas!

Alimentación

¡Date prisa!

Cuando un camaleón ve un delicioso insecto, se arrastra lentamente hacia él. De repente, dispara su larga y pegajosa lengua como un látigo, atrapándolo. Luego, el camaleón repliega su lengua, llevando el insecto a su boca.

La mayor parte de los reptiles son **carnívoros**. Esto significa que comen otros animales, llamados **presas**. La mayor parte de las tortugas terrestres son **herbívoras** y sólo comen plantas. Algunos reptiles comen plantas y animales.

Alimento de los reptiles

Los reptiles son de **sangre fría** y no necesitan mucha comida para mantenerse calientes. Algunos pueden pasar semanas sin comer.

Comedores de piedras

¿Sabías que los cocodrilos tragan piedras pequeñas? Las piedras ayudan a triturar los alimentos duros que han comido.

Los camaleones son una especie de lagarto. ¡Sus lenguas pueden ser tan largas como sus cuerpos!

sangre fría con una temperatura corporal que depende de la temperatura ambiente

En busca de una presa

¿Cómo encuentran sus alimentos los reptiles? Algunos salen a buscarlo. Otros esperan a que aparezca.

Los **cocodrílidos** y algunas serpientes grandes se esconden bajo el agua y cuando aparece una presa, atacan con una velocidad y una fuerza sorprendentes.

Algunas serpientes se cuelgan de las ramas y esperan. Sacan la lengua velozmente para "saborear" el aire. De este modo pueden olfatear sus presas.

Dientes de cocodrilo

Durante su vida, los cocodrílidos cambian sus dientes llegando a tener cientos de ellos. Al caer, crecen otros nuevos. Utilizan sus dientes para sujetar su comida, pero no pueden masticar como lo hacemos nosotros.

◀ Una culebra ratonera oliva está al acecho.

Comida para serpientes

Las serpientes utilizan sus dientes para sujetar sus **presas** y evitar que escapen. Algunas matan a sus presas con veneno. Otras las estrangulan hasta matarlas.

Los huevos y algunos animales pequeños como los ratones son el sabroso alimento de muchas serpientes. Asombrosamente, las serpientes de mayor tamaño pueden comer presas tan grandes como los venados. Las serpientes no pueden masticar sus alimentos, entonces ¿cómo comen?

Triturar y tragar

La mayoría de los lagartos tienen pequeños dientes puntiagudos. Al igual que las serpientes, no pueden masticar sus alimentos. De modo que primero lo trituran en sus bocas y luego lo tragan entero.

Con frecuencia, jugosos insectos forman parte del menú de un lagarto verde.

Abre bien la boca

Las serpientes tienen mandíbulas **flexibles**, que pueden abrir con mucha amplitud. Después de atrapar a su presa, la tragan entera y si es grande, pueden tardar varias horas en tragarla.

Sin dientes

La mayor parte de los reptiles tienen dientes, pero ni las tortugas acuáticas ni las terrestres los tienen. En lugar de morder con dientes, muerden con el borde óseo y filoso de su boca.

Succionar y tragar

La tortuga matamata (debajo) viene del río Amazonas en América del Sur. Permanece quieta esperando a los peces y abre su boca completamente. ¡Succiona su comida como una aspiradora!

▲ El varano gigante es el lagarto monitor más grande de Australia. Éste que ven aquí está esperando junto a la madriguera de un conejo para atrapar a su presa.

flexible capaz de moverse o doblarse con facilidad

Apretujón

Las anacondas son miembros de la familia de serpientes boa constrictor. Matan sus **presas** enrollando sus largos cuerpos alrededor para estrangularlas. La presa no puede respirar y muere. Luego, la serpiente traga el animal completo.

Las anacondas atrapan caimanes, venados, e incluso jaguares de este modo.

Agua en los alimentos

Los lagartos no siempre beben agua de estanques o arroyos. Entonces ¿de donde obtienen el agua? Obtienen la mayor parte del agua que necesitan de sus alimentos.

► Esta serpiente que ven aquí es una anaconda. Ha atrapado un caimán y lo está estrangulando.

digestión descomposición de los alimentos dentro del cuerpo después de comerlos

Digestión de los reptiles

La temperatura ambiente afecta la **digestión** de los reptiles de **sangre fría**. A los cocodrilos no les agrada comer cuando la temperatura es inferior a **71 °F (22 °C)**, ya que su metabolismo se hace más lento.

Si el cuerpo de una serpiente está muy frío después de alimentarse, no podrá **digerir** su alimento y deberá regurgitarlo. Si no lo hiciera, la comida se pudriría en su estómago y moriría.

La digestión de una presa grande puede tomarle a una serpiente hasta dos semanas.

Estómagos fuertes

¿Cómo digieren una presa entera las serpientes grandes y los **cocodrílidos**? Estos reptiles tienen **ácidos** muy fuertes en su estómago. Estos ácidos descomponen los huesos y la piel de las presas duras, como los caimanes y los búfalos.

▼ La pitón amatista de Australia sólo ataca presas pequeñas.

ácido tipo de líquido suficientemente fuerte como para descomponer materiales duros

Salados

El cocodrilo de agua salada es el reptil actual de mayor tamaño. Es uno de los animales más fuertes de la Tierra. Algunos, llegan a pesar una tonelada.

Los cocodrilos de agua salada viven en el sureste de Asia y en Australia. Pueden vivir mar adentro, pero también en ríos y lagos del interior.

Estos cocodrilos se alimentan por la noche. Matan y comen una variedad de animales, pájaros y peces.

Problemas con aligátores

En 1999, en Río de Janeiro, Brasil, un grupo de constructores ahuyentó a un aligátor grande de su hogar. Al sentir hambre, el animal entró al patio trasero de una casa. Se comió al perro de la casa y a cuatro gallinas.

Las ciudades avanzan sobre los lugares en los que viven los aligátores. Esto hace que estos reptiles estén más cerca de donde viven los seres humanos.

Grandes consumidores

Los cocodrilos del Nilo viven en toda África, no sólo en el río Nilo. ¡Algunos comen cebras, búfalos y hasta leones! Para que las grandes **presas** no escapen, los cocodrilos las arrastran debajo del agua. Una vez allí, se retuercen bruscamente y les arrancan trozos de carne.

◄ Aligátor americano con la boca abierta.

presa animal que otros animales matan y comen

29

Reproducción

La mayor parte del tiempo, los cocodrilos viven solos. Pero tienen varios modos de buscar y atraer a una pareja.

Atracción con colores

Los lagartos utilizan los colores de su piel para atraer a una pareja para reproducirse.

La iguana **marina** es normalmente oscura. Durante la temporada de apareamiento, le salen puntos rojos. Esto significa: "Estoy listo para aparearme".

Parejas de lagartos

Los lagartos macho con frecuencia pelean durante la temporada de **reproducción**. Algunos gecos gorjean y "ladran" para atraer a las hembras. Otros se sacuden durante horas como si estuviesen haciendo flexiones.

Reproducción de las serpientes

Las serpientes se atraen emanando un olor especial a través de su piel.

▼ Este geco de Texas atrae a su pareja golpeándola suavemente con su cola mientras le pasa la lengua.

reproducirse tener crías

Huevos y crías

La mayor parte de las serpientes pone huevos, pero algunas tienen crías completamente formadas.

Las serpientes jarreteras viven en América del Norte. Al llegar la primavera, se **aparean** en una gran maraña de serpientes. Un mes o dos meses después, cada una de las hembras pare hasta 60 crías.

Parejas perfectas

El cocodrilo del Nilo macho llama a la hembra golpeando su fuerte cola contra el agua.

Los aligátores macho, como el de arriba, abren sus bocas y braman para atraer a la hembra.

◄ Estas serpientes jarreteras se aparean y luego se alejan reptando.

Los lagartos cola de látigo (debajo) son muy poco comunes. Las hembras pueden producir crías sin **aparearse**. No necesitan a los machos. Sorprendente, ¿no?

Las crías de las tortugas

Todas las tortugas ponen sus huevos en la tierra. La mayor parte de las tortugas marinas regresa a la playa en la que nacieron. Aquí, las hembras se arrastran a la orilla, cavan un hoyo en la arena y ponen aproximadamente 100 huevos.

Muy pocas de las crías de las tortugas **sobreviven** lo suficiente como para correr de regreso al mar. Esto es porque los pájaros, los cangrejos y los peces las atrapan y se las comen.

▼ La tortuga marina cabezona se apresura a llegar a la seguridad del mar luego de salir del cascarón.

sobrevivir permanecer vivo a pesar del peligro y las dificultades

Padres cocodrilos

Casi ningún reptil cuida de sus crías. La mayoría las deja que crezcan solas.

Las hembras **cocodrílidos** cuidan a sus crías de los **depredadores** hambrientos durante semanas. A veces, la madre carga delicadamente a sus crías dentro de su boca. A pesar de ello, sólo aproximadamente el 2% de los huevos sobrevive hasta ser adultos.

Romper el cascarón

Algunas crías de reptil tienen un diente del huevo. Es un diente afilado especial que utilizan para romper el cascarón y salir del huevo. En esta fotografía vemos una tortuga marina saliendo del cascarón.

Defensa

Muchos reptiles deben defenderse de los **depredadores** que desean comérselos.

Serpientes venenosas

Una forma de defensa es usar veneno. Menos de un tercio de las serpientes que existen en el mundo son venenosas. Utilizan su veneno para defenderse y para matar a sus **presas**.

La cobra real es venenosa. El veneno de una mordedura es suficiente para matar a diez humanos adultos.

Colmillos

Algunas culebras tienen **colmillos** que se pliegan en su paladar. Al morder, los colmillos se disparan hacia adelante y el veneno se desliza por los colmillos a la presa. Observa en la foto de abajo los temibles colmillos de la serpiente espalda de diamante del este.

▼ Éste es un monstruo de Gila. Sus brillantes colores dicen: "¡Aléjate!"

colmillo diente largo y afilado que inyecta veneno en las presas

Lagartos mortíferos

El monstruo de Gila es una de las dos **especies** de lagarto venenoso del mundo. Vive en el oeste de América del Norte.

Su grueso cuerpo está cubierto por dibujos de bandas negras y rosadas (o amarillas). Estos colores brillantes son una advertencia para los depredadores sobre su mordedura venenosa.

Mambas peligrosas

La veloz mamba negra (debajo) es una de las serpientes más mortíferas.

El veneno de una sola mordedura es suficiente para matar a 260 personas. Una mordedura de esta serpiente puede matar a un humano en una hora.

especie clase de ser vivo, animal o vegetal

Camuflaje

Los camaleones son lagartos sorprendentes. Pueden cambiar de color para confundirse con su entorno. Su humor y la temperatura también afectan su color.

Este mimetismo, o **camuflaje**, los ayuda a esconderse de los **depredadores**. Los hace difíciles de detectar y también les permite acechar a su **presa** sin ser vistos.

Muy quietos

Los ojos de los camaleones pueden girar y ver panorámicamente. Sus ojos pueden mirar en direcciones contrarias al mismo tiempo. Esto es útil para descubrir a los depredadores y buscar presas.

▼ Este camaleón de Yemen se mimetiza con las hojas verdes que hay alrededor.

camuflaje colores y diseños iguales al entorno

◀ ¿Puedes ver la cabeza de la víbora del desierto en la arena?

Protección con púas

El lagarto armadillo vive en Suráfrica. Tiene **escamas** afiladas en forma de púas en su cola. Cuando se asusta, se enrolla como una bola con su cola en la boca. Esto hace que el depredador tenga dificultades para atacarlo.

Colores amalgamados

Muchos animales comen serpientes. Generalmente las serpientes del bosque son verdes, marrones o moteadas. Se confunden bien con las hojas y los troncos de los árboles. Los depredadores deben observar con atención para encontrarlas.

Sólo arena

La víbora del desierto cava un hoyo en la arena y se mete allí dejando sólo su cabeza afuera, que es del color de la arena. ¡Parece invisible!

Trucos especiales

Los reptiles tienen varios modos diferentes de protegerse de los **depredadores**.

Para evitar que se lo coman, el lagarto collar rizado intenta verse temible. Abre su boca, muestra los dientes y agita su lengua. También sisea y despliega un gran collar alrededor de su cuello. Eso basta para asustar a la mayoría de sus atacantes.

¡Qué peste!

La tortuga almizclera de agua dulce tiene otro nombre: apestosa. Emana un líquido pestilente cuando se asusta. La mayor parte de los depredadores retroceden y la dejan tranquila.

▲ Un lagarto de collar rizado ahuyenta a los depredadores con la boca.

Más trucos

La boa enana del oeste de la India tiene una forma diferente de asustar a sus depredadores. Si se asusta, simula estar muerta. Incluso, emana un olor similar al de la carne en descomposición. Si eso no funciona, llena sus ojos de sangre y sangra por la boca.

Las serpientes de cascabel simplemente agitan su cola. El sonido que produce puede ayudar a mantener alejados a los depredadores. La sonaja es hueca y produce una especie de zumbido cuando la serpiente la mueve.

Ojos inyectados en sangre

La iguana cornuda de Texas (debajo) sólo tiene el largo de un lápiz. Tiene un truco muy temible. Cuando se asusta, lanza sangre a la cara del depredador. La sangre sale del interior y del contorno de los ojos.

Extraños y maravillosos

Los dragones de Komodo son lagartos gigantes. Tienen garras filosas y una cola larga y fuerte. Viven en las islas del sureste de Asia.

En una misma comida, el dragón de Komodo puede comer ¡casi su mismo peso en carne! Se ha visto a un solo dragón comerse un cerdo en sólo 17 minutos. ¡Es como si un humano comiera 600 hamburguesas de una vez!

¿Realidad o ficción?

El dragón de Komodo es el lagarto más pesado del mundo. A pesar de eso, algunas personas piensan que puede existir un lagarto más grande aún. Existen historias acerca de lagartos gigantes que viven en la **selva tropical** de Nueva Guinea (debajo).

▶ Éstos son dragones de Komodo. Destrozan a su presa antes de tragarla en grandes trozos.

selva tropical bosque que crece en las partes cálidas del planeta en las que llueve mucho

Mordedura letal

La mordedura de un dragón de Komodo es letal. Estos lagartos comen carne podrida y tienen muchas **bacterias** peligrosas en su boca. Cuando muerden a su **presa**, estas bacterias entran en la herida.

La presa se enferma rápidamente y muere por infección en la sangre. Entonces, los dragones comen su cuerpo.

¿Gran hermano?

Una vez vivió en Australia un lagarto gigante. Era parecido a un dragón de Komodo y se llamaba *Megalania*. Su cráneo (debajo) era tan largo como una maleta grande.

Super cocodrilo

Hace setenta millones de años, había cocodrilos gigantes sobre la tierra. Tenían el tamaño de un autobús y probablemente cazaban **dinosaurios**. Es posible que vivieran en pantanos en lo que hoy es Texas.

Cocodrilos asombrosos

Una de las cosas extrañas de los cocodrilos es que sanan muy rápidamente si se lastiman.

Los cocodrilos suelen pelear y, a veces, desgarran sus patas o sus colas. Incluso si tuvieran heridas profundas, pronto sanarían. Los científicos creen que hay algo especial en la sangre del cocodrilo que lo ayuda a sanar tan rápidamente.

▶ El cocodrilo del Nilo tiene dientes muy filosos, pero la corredora egipcia no les teme.

dinosaurio grupo de grandes reptiles que vivieron hace millones de años

Buenos amigos

La mayoría de los animales se mantienen alejados de los cocodrilos. Sin embargo hay un animal que se mete en su boca abierta.

Cuando los cocodrilos del Nilo toman sol abren su boca completamente. ¡Entonces llega la corredora egipcia, se mete adentro, y saca trocitos de carne de sus dientes! El ave recibe una cena gratis y el cocodrilo una visita gratuita al dentista.

Salado asesino

En diciembre de 2003, dos adolescentes estuvieron colgados de un árbol durante 22 horas en un pantano de Australia. Un cocodrilo de agua salada ya había matado a uno de sus amigos y se quedó debajo del árbol toda la noche hasta que alguien llegó a ayudar a los muchachos.

▼ Éste es un cocodrilo marismeño. Estos reptiles habitan en la India y Sri Lanka.

Grandes escapes

Los lagartos, como los gecos y los eslizones tienen un gran truco de escape si algo los atrapa. Se despojan de su cola y corren. La cola se retuerce en el suelo por un momento y confunde al **depredador**. Entonces, el lagarto escapa.

Sorprendentemente, en pocos meses el lagarto tendrá una cola nueva.

Mini reptil

Es fácil esconderse si se es pequeño. El geco de las Islas Vírgenes tiene el largo de un sujetapapeles (en la fotografía se ha aumentado el tamaño de los gecos para que puedas verlos fácilmente).

Patas mágicas

Otro truco útil para escapar de los depredadores es correr cabeza abajo. Los gecos tienen patas pegajosas especiales. Pueden correr cabeza abajo en el vidrio o en el techo.

El lagarto basilisco de América del Sur puede correr sobre sus dos patas traseras. Sorprendentemente, también puede correr sobre el agua gracias a sus patas especiales que atrapan aire debajo de ellas y evitan que el lagarto se hunda.

Cola de cebra

El lagarto cola de cebra (debajo) tiene un dibujo blanco y negro bajo su cola. La mueve frente al depredador para ponerlo en una especie de **trance**. Mientras el depredador está confundido, el lagarto escapa.

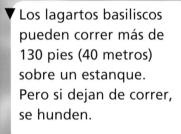

▼ Los lagartos basiliscos pueden correr más de 130 pies (40 metros) sobre un estanque. Pero si dejan de correr, se hunden.

trance estado especial similar al sueño

Las mascotas se vuelven salvajes

Existe un problema en los Everglades de Florida. Muchos reptiles que eran mascotas han sido liberados allí o han escapado a ese lugar.

Más de 1,000 serpientes escaparon a este entorno natural después del huracán Andrew en 1992. Se han visto grandes pitones en los pantanos de Florida (las pitones generalmente viven en Asia). Si logran **reproducirse**, podrían ser una amenaza para la vida silvestre del lugar.

De regreso a casa

Algunas tortugas acuáticas tienen poderes que no comprendemos. Pueden viajar miles de millas en el mar y encontrar su camino de regreso a la playa en la que nacieron para desovar.

reproducirse tener crías

De viaje

Los Everglades son el hogar de los aligátores. Viven en pantanos, estanques y canales.

En el sur de Florida, los aligátores se trasladan mucho y pueden aparecer en lugares extraños. Viajan buscando alimentos o buscan agua si sus pozos se secan. Las personas suelen encontrarlos en sus piscinas o en los campos de golf.

En camino

En la década de 1930 un científico se encontraba en un barco en el Océano Pacífico. Vio una extraña línea en el agua. Era un grupo de serpientes marinas desplazándose juntas. Eran millones y la línea medía 60 millas (96 kilómetros).

▼ ¿Puedes ver los cocodrilos en este campo de golf en Suráfrica?

▲ Aquí ves serpientes marinas de vientre amarillo. Llegan a las playas con la corriente.

Reptiles en peligro

Mascotas

Todos los años, miles de reptiles salvajes son capturados y vendidos como mascotas. Muchos de estos animales mueren, debido a que sus propietarios no saben cómo cuidarlos.

Muchos reptiles se encuentran **en vías de extinción**. Los humanos dañan o destruyen los lugares donde viven o los sacan de su entorno natural y los venden como mascotas.

Amenaza para las tortugas marinas

Las tortugas marinas están en peligro extraordinario. Son fáciles de atrapar cuando salen a respirar. Los recolectores de huevos, además, recogen los huevos de la orilla.

▶ Aquí ves un cocodrilo del Orinoco. Esta especie está en vías de extinción.

Cocodrilos en peligro

El cocodrilo del Orinoco es el **depredador** de mayor tamaño de América del Sur. Entre las décadas de 1930 y 1960 los hombres cazaron a este cocodrilo por su piel y casi llegó a extinguirse.

Hoy, probablemente haya sólo algunos cientos de cocodrilos del Orinoco en su entorno natural. Los hombres siguen cazándolos por su carne y sus huevos a pesar de que ahora es ilegal.

Cazadores de pieles

Los lagartos monitor acuáticos se cazan en el sureste de Asia. Los humanos matan más de un millón de estos reptiles al año y utilizan su piel para hacer bolsos, zapatos y correas para relojes.

▼ La tortuga pintada es una especie en vías de extinción en el sureste de Asia porque las personas comen sus huevos.

Reptiles al ataque

Las serpientes y los cocodrilos pueden atacar a los seres humanos. Puede resultar peligroso nadar o caminar en lugares como Tavares, Florida (debajo) donde viven estos animales. Pero esta no es una razón para matarlos.

Los reptiles y nosotros

Los reptiles atraviesan un momento crítico. A través de los años hemos matado millones de ellos por su carne, sus huevos, sus pieles y sus caparazones. A veces los matamos sólo porque les tememos.

Sin hogar

También hemos destruido los lugares en los que viven con nuestros desperdicios y nuestra **contaminación**. Construimos caminos y casas junto a lagos, ríos y mares y esto hace que deban encontrar nuevos lugares donde vivir.

▶ Una tortuga marina cabezona es devuelta al mar. Se le ha realizado un examen de salud y está lista para ser liberada.

contaminación daño causado por sustancias químicas, gases nocivos y basura

Las buenas noticias

Sin embargo, no todas las noticias son malas. Hay muchos proyectos en el mundo para proteger a los reptiles.

Durante 33 años se perdió el rastro del eslizón pigmeo de lengua azul australiano. En 1992 fue hallado nuevamente y actualmente prospera.

Los reptiles han habitado la Tierra durante cientos de millones de años. Debemos lograr que siga siendo así.

A la moda

La piel de pitón está de moda. Los humanos la utilizan para hacer bolsos, cinturones y faldas. En la fotografía de abajo se pueden ver pieles de pitón a la venta en Camboya. Las pitones salvajes son cazadas frecuentemente por su piel.

Descubre más

Organizaciones

Museo Nacional de Historia Natural

El museo forma parte del Instituto Smithsonian. Tiene la mayor colección de especímenes de la historia natural del mundo. Puedes comunicarte con ellos escribiendo a la siguiente dirección: **National Museum of Natural History, Smithsonian Institution, 10th Street and Constitution Avenue, NW Washington, D.C. 20560-0135**

Bibliografía

McCarthy, Colin. *Reptiles: Descubre el intrigante mundo de los reptiles: historia, costumbres y vida*. DK Children, 2004.

Parsons, Alexandra. *Asombrosas serpientes*. Bruño, 1990.

Búsqueda en Internet

Para conocer más acerca de los reptiles, puedes realizar búsquedas en Internet. Utiliza palabras clave como éstas:

- "Cocodrilo del Nilo"
- Tortuga + más antigua
- "Culebras venenosas"

Puedes encontrar tus propias palabras clave utilizando las palabras de este libro. Los consejos de búsqueda de la página 53 te ayudarán a encontrar sitios web útiles.

Consejos para la búsqueda

Hay miles de millones de páginas en Internet. Puede resultar difícil encontrar exactamente lo que buscas. Estos consejos te ayudarán a encontrar sitios web útiles más rápidamente:

- Debes saber lo que quieres averiguar
- Utiliza palabras clave simples
- Utiliza entre dos y seis palabras clave en cada búsqueda
- Utiliza sólo nombres de personas, lugares o cosas
- Utiliza comillas para encerrar las palabras que van juntas, por ejemplo "lagarto monitor"

Dónde buscar

Motor de búsqueda

Los motores de búsqueda buscan en millones de páginas de sitios web. Enumeran todos los sitios que coinciden con las palabras del cuadro de búsqueda. Verás que las mejores coincidencias aparecen en primer lugar en la lista, en la primera página.

Directorio de búsqueda

En lugar de una computadora, una persona ha clasificado un directorio de búsqueda. Puedes realizar tus búsquedas por palabra clave o por tema y buscar en los diferentes sitios. Es como buscar en los libros de los estantes de una biblioteca.

Cantidad de criaturas increíbles en el mundo

Anfibios
Mamíferos
Reptiles
Aves
Peces
Arácnidos
Moluscos
Insectos

0   20,000   40,000   60,000   80,000   100,000   120,000   140,000   160,000   180,000   1,000,000

Cantidad de especies (aproximada)

Glosario

ácido tipo de líquido suficientemente fuerte como para descomponer materiales duros

apareamiento cuando se unen un macho y una hembra para producir crías

asolearse yacer al sol para absorber su calor

bacterias pequeños seres vivos que pueden causar una enfermedad

branquias estructuras delicadas como las plumas que permiten que un animal respire bajo el agua

camuflaje colores y diseños iguales al entorno

carnívoro animal que come carne

cocodrílido reptil, como por ejemplo el cocodrilo, el aligátor, el caimán y el gavial

colmillo diente largo y afilado que inyecta veneno en las presas

contaminación daño causado por sustancias químicas, gases nocivos y basura

depredador animal que mata y come otros animales

digerir descomponer los alimentos para que puedan ser utilizados por el cuerpo

digestión descomposición de los alimentos dentro del cuerpo después de comerlos

dinosaurio grupo de grandes reptiles que vivieron hace millones de años

en vías de extinción en peligro de desaparecer

escamas placas óseas o córneas pequeñas que protegen la piel de los reptiles y los peces

especie clase der ser vivo, animal o vegetal

evolucionar cambiar muy lentamente con el transcurso del tiempo

excavar hacer un hoyo en la tierra

flexible capaz de moverse o doblarse con facilidad

herbívoro animal que se alimenta solamente de plantas

hocico nariz

marino relativo al mar

mudar deshacerse de o perder la piel o caparazón viejo

oxígeno uno de los gases del aire y del agua que todos los seres vivos necesitan

presa animal que otros animales matan y comen

reproducirse tener crías

sangre fría tener una temperatura corporal que depende de la temperatura ambiente

selva tropical bosque que crece en las partes cálidas del planeta en las que llueve mucho

sobreviviente alguien o algo que
  continuó viviendo

sobrevivir permanecer vivo a pesar
  del peligro y las dificultades

trance estado especial similar al sueño

vertebrado animal que tiene columna
  vertebral

Índice